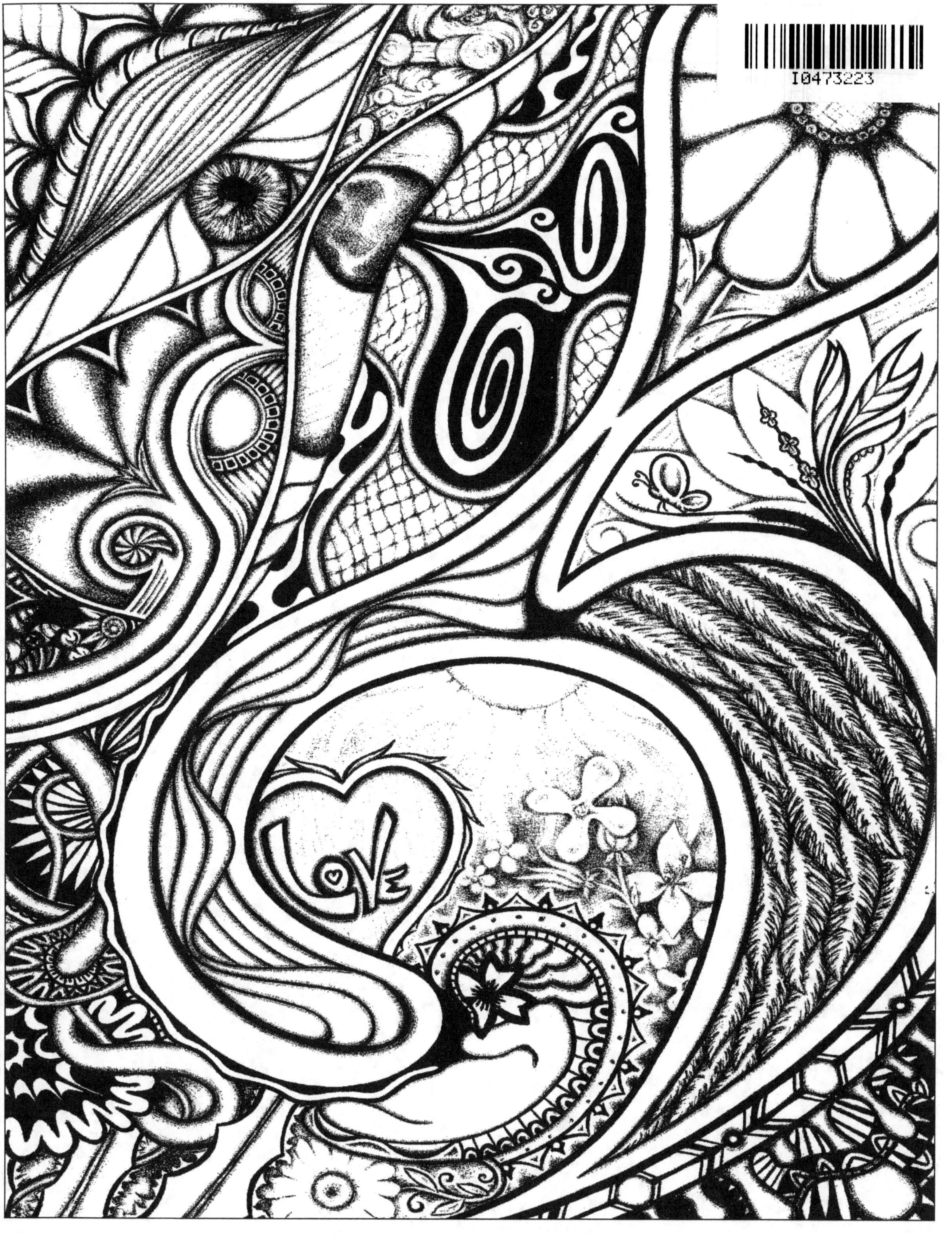
Love

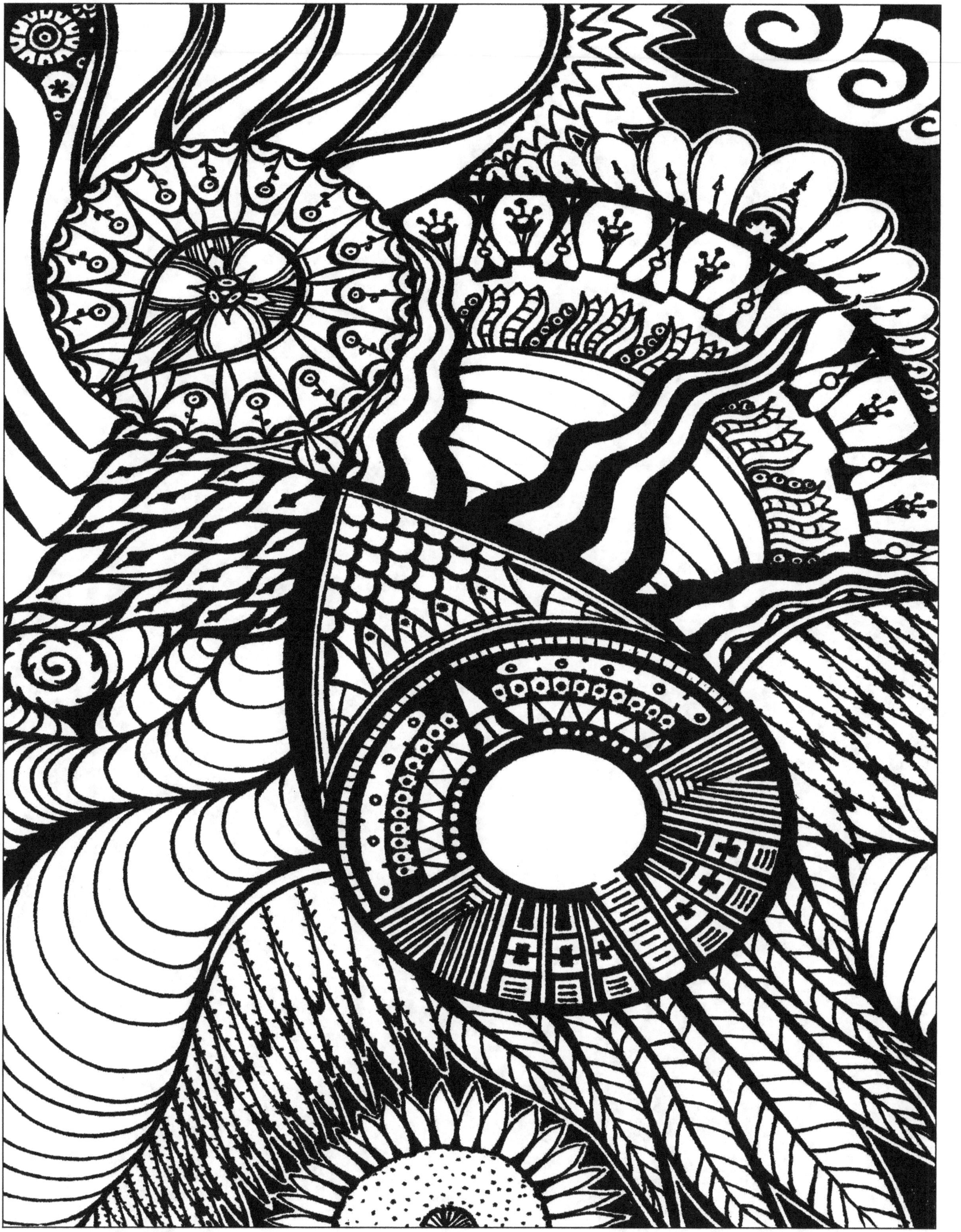

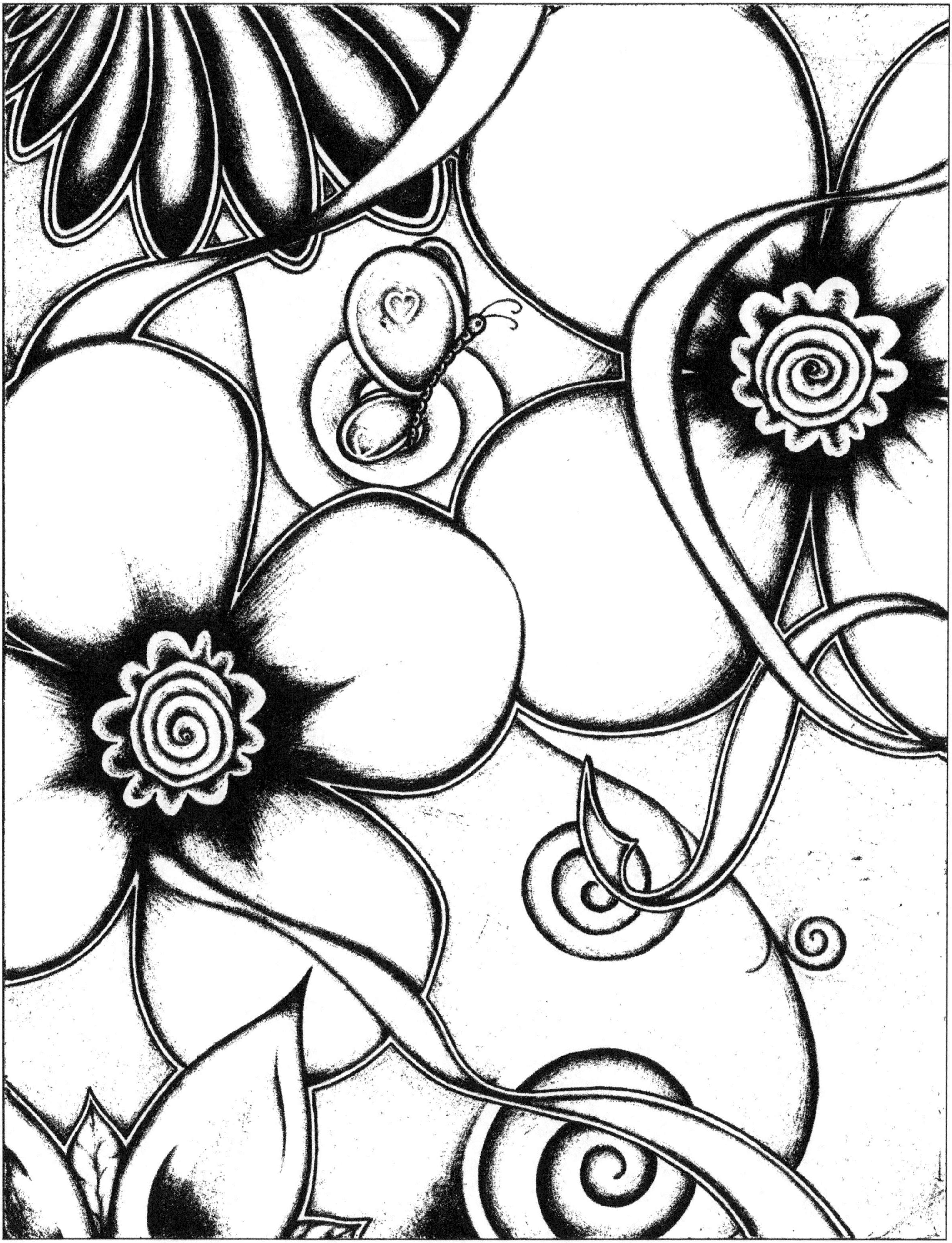

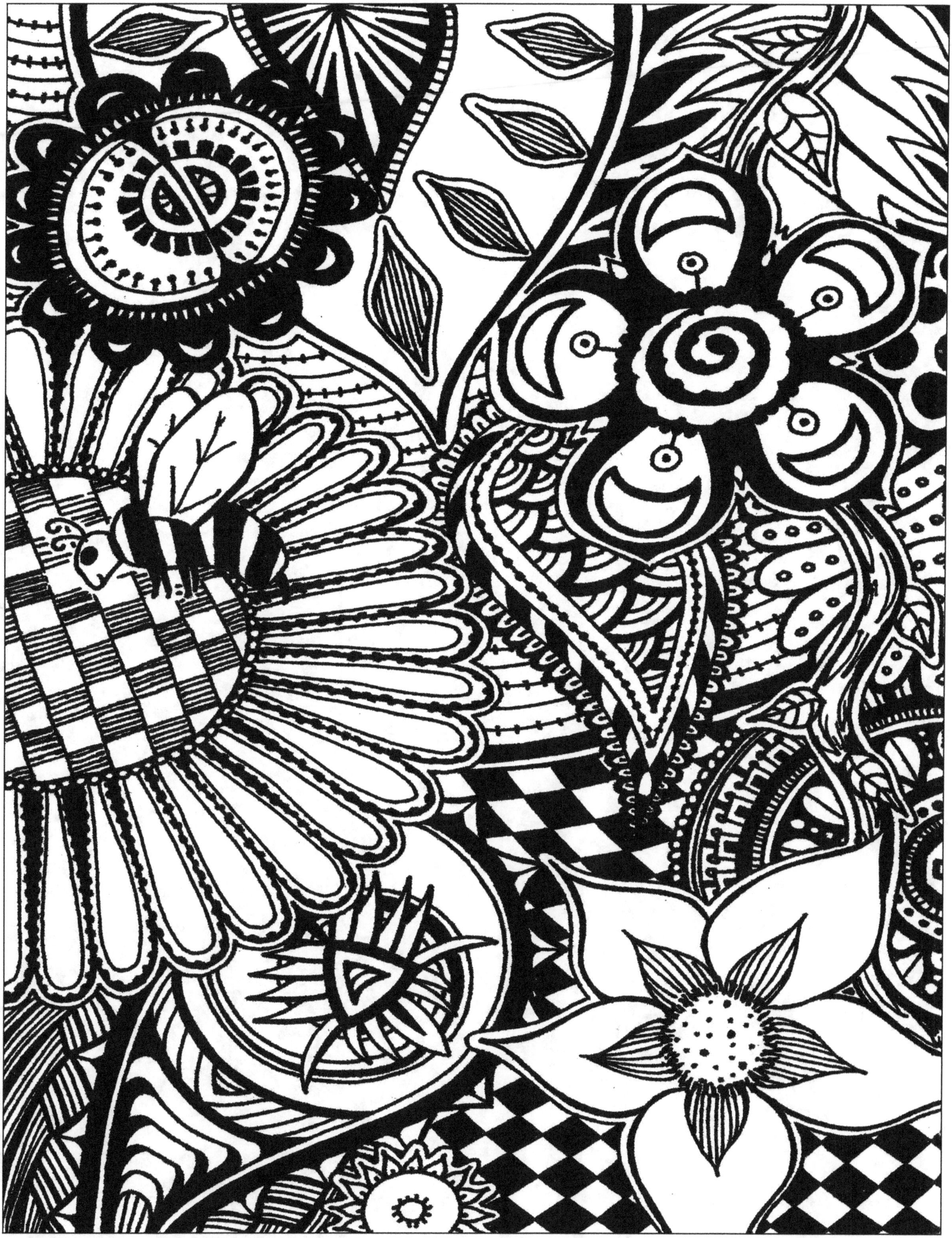

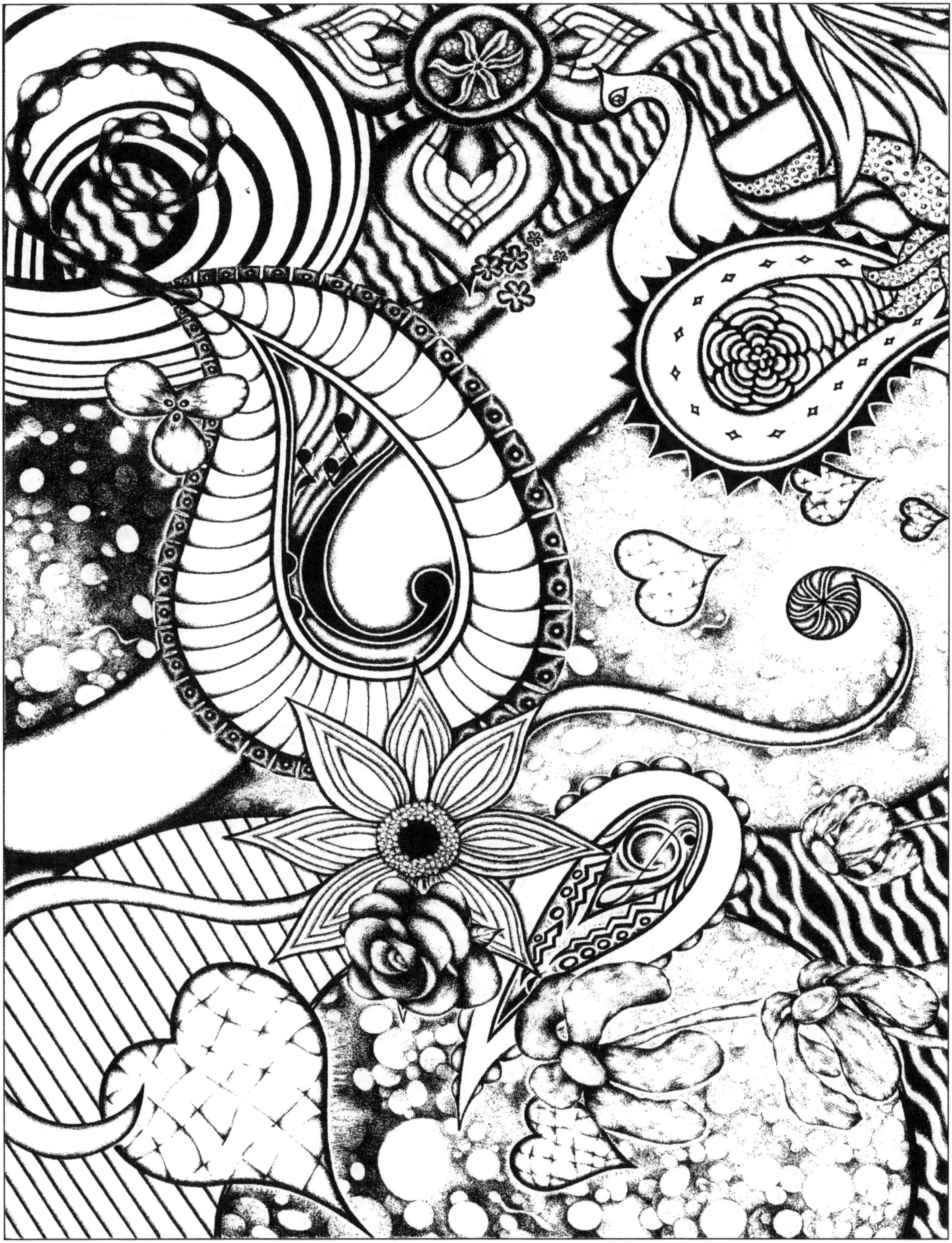

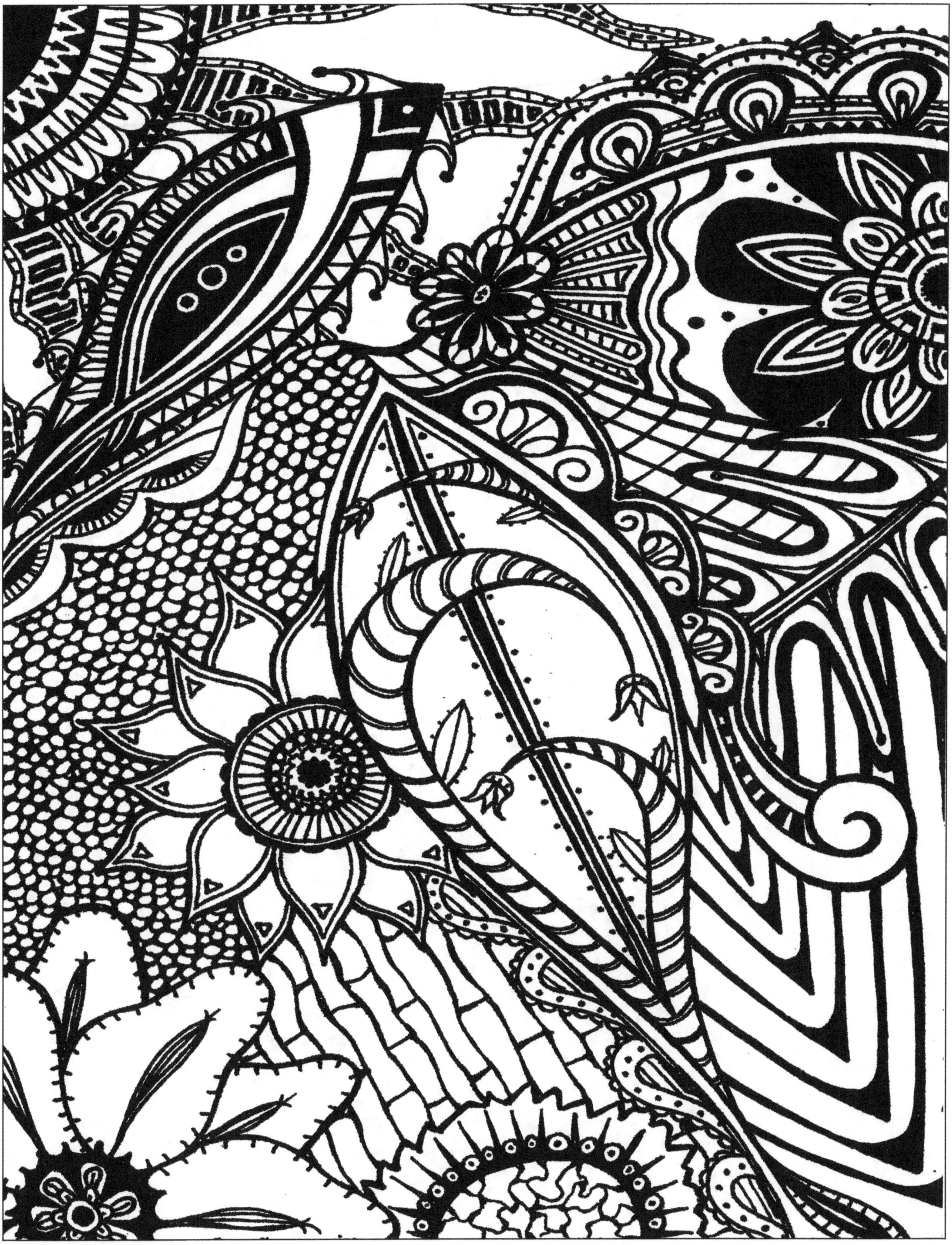

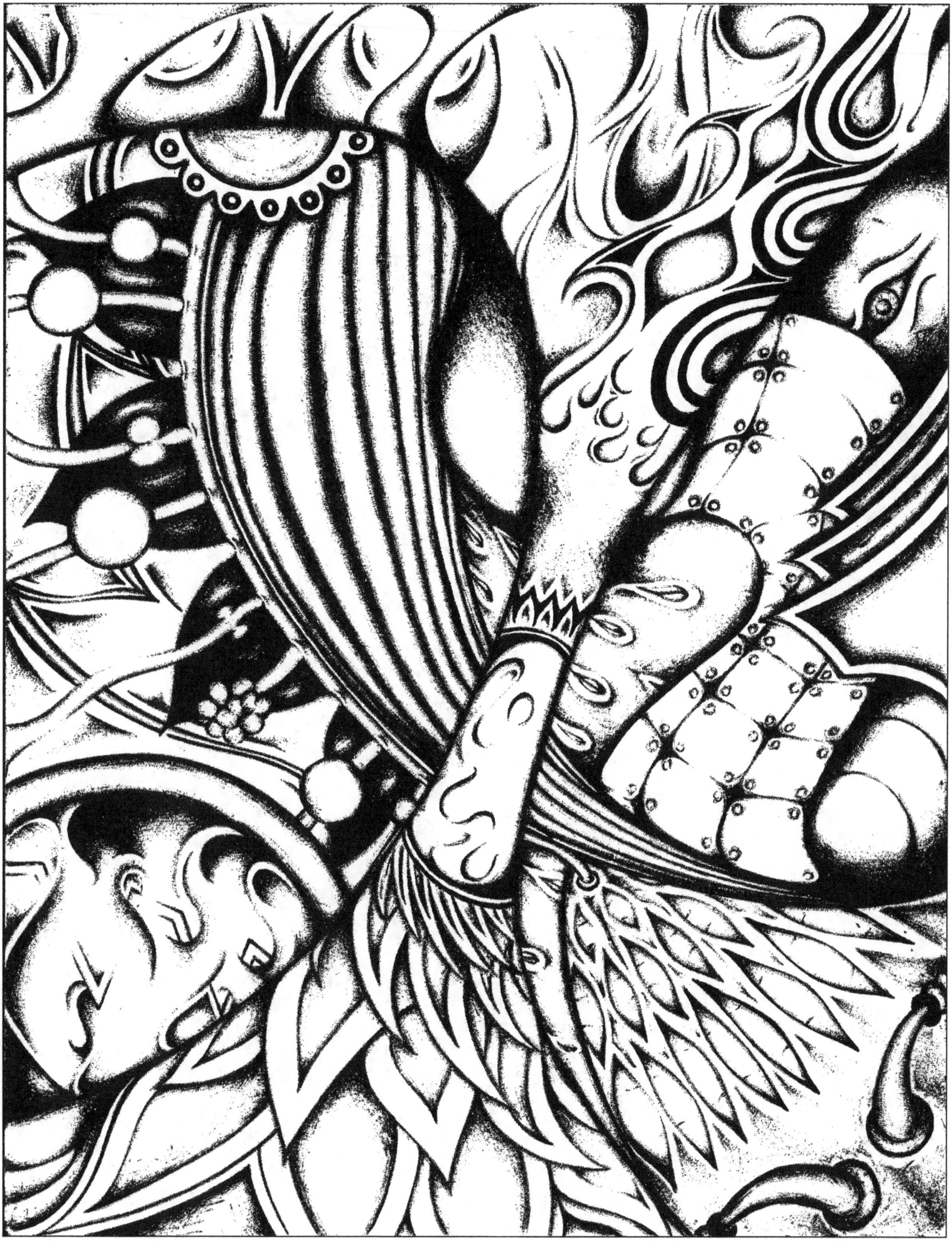

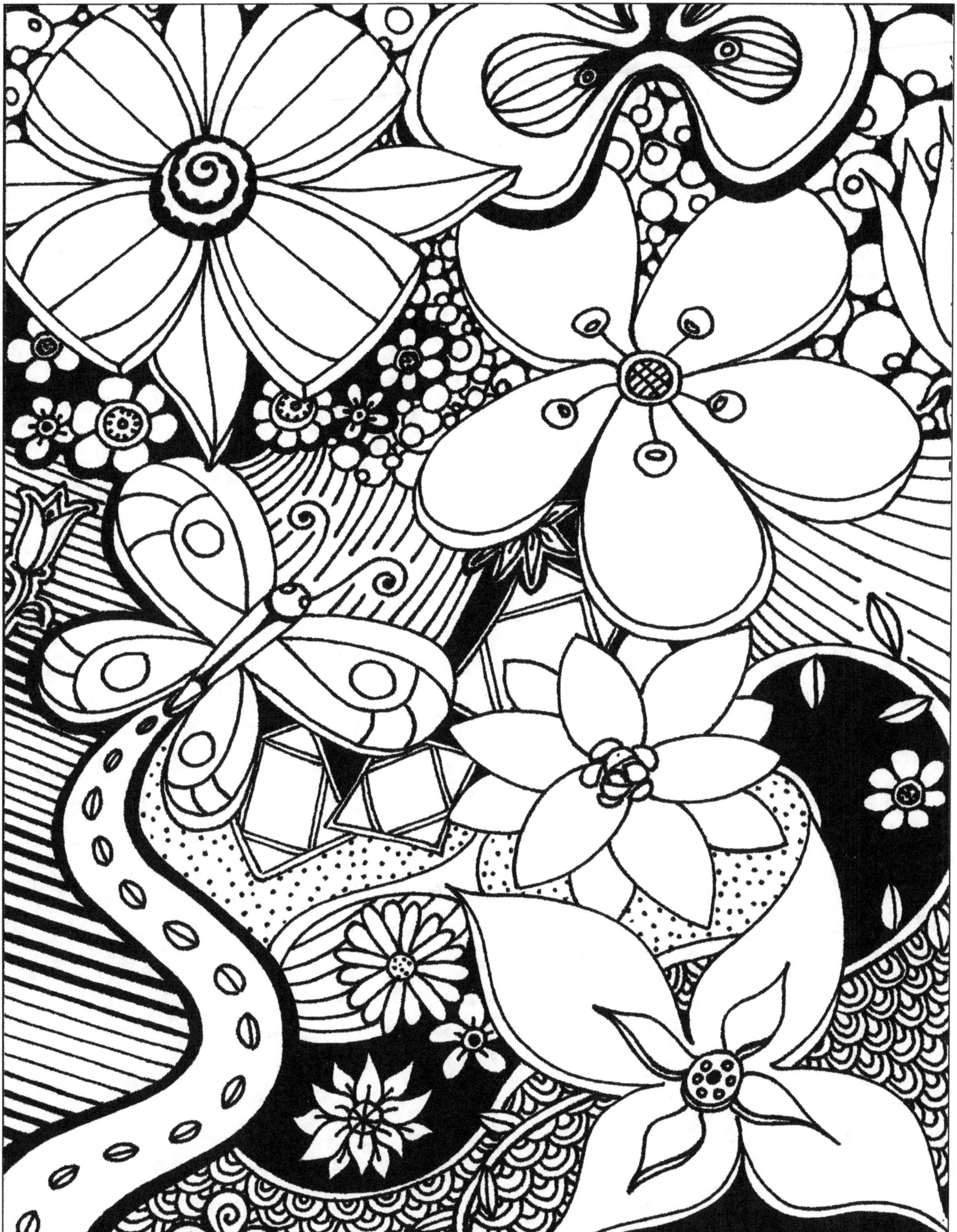

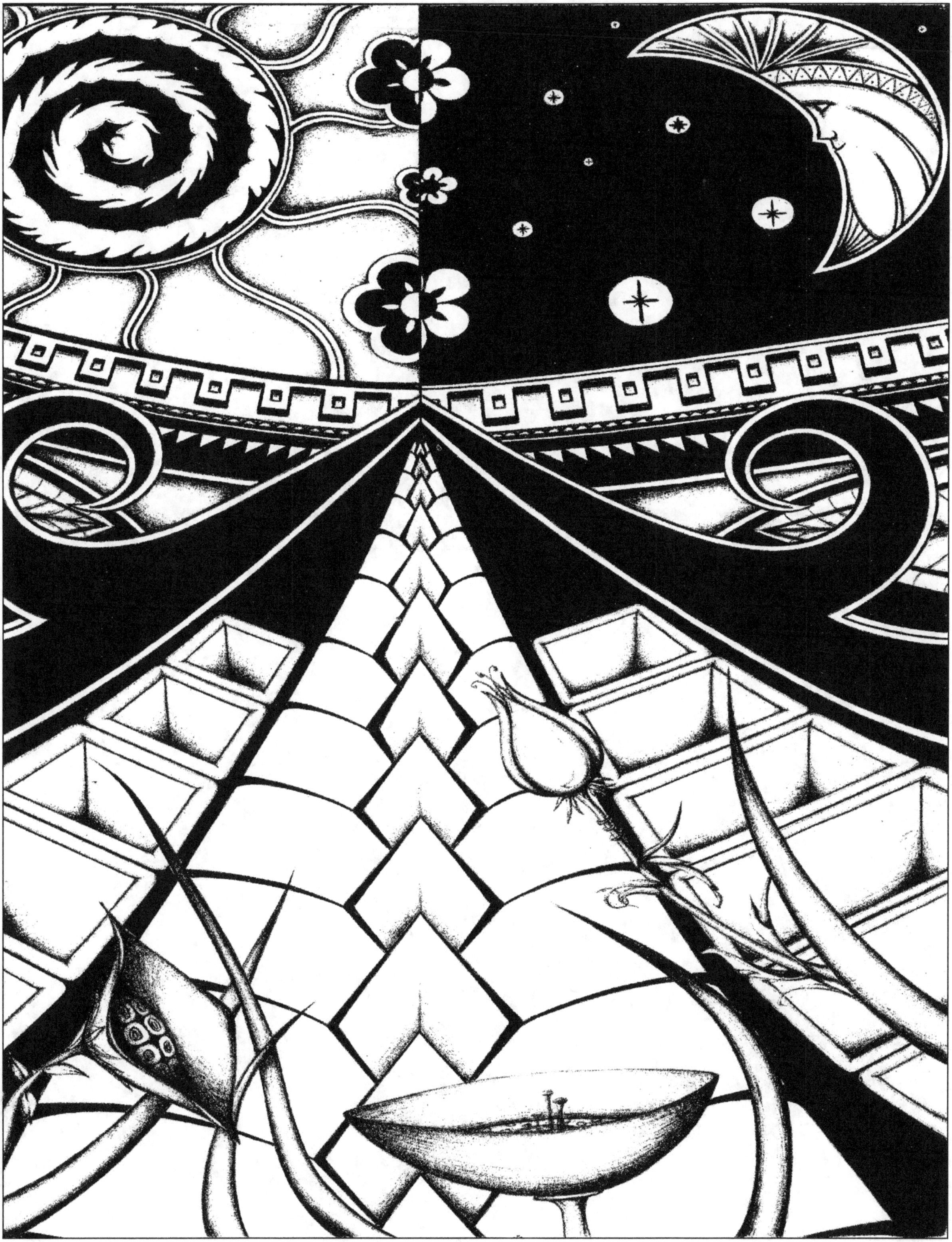

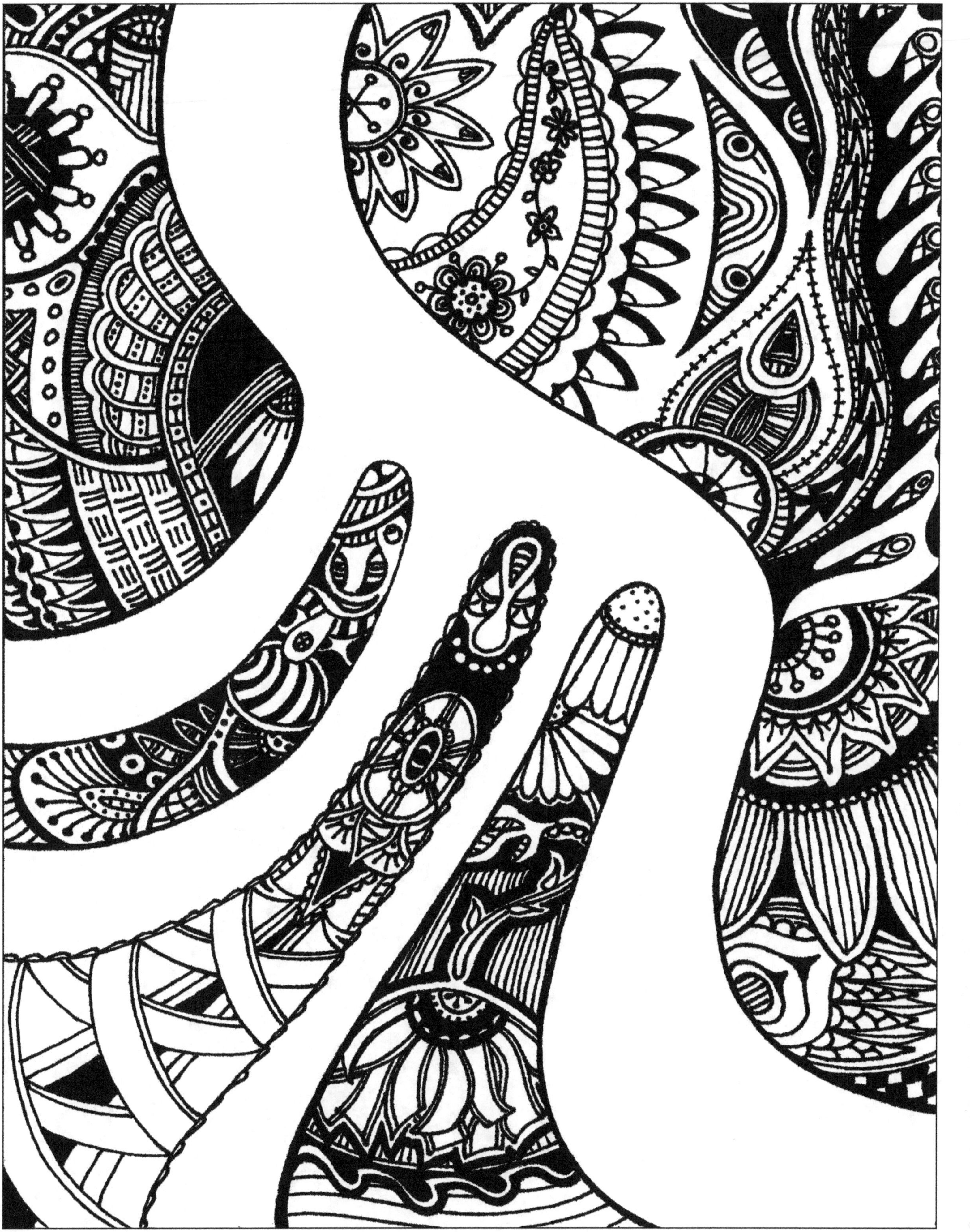

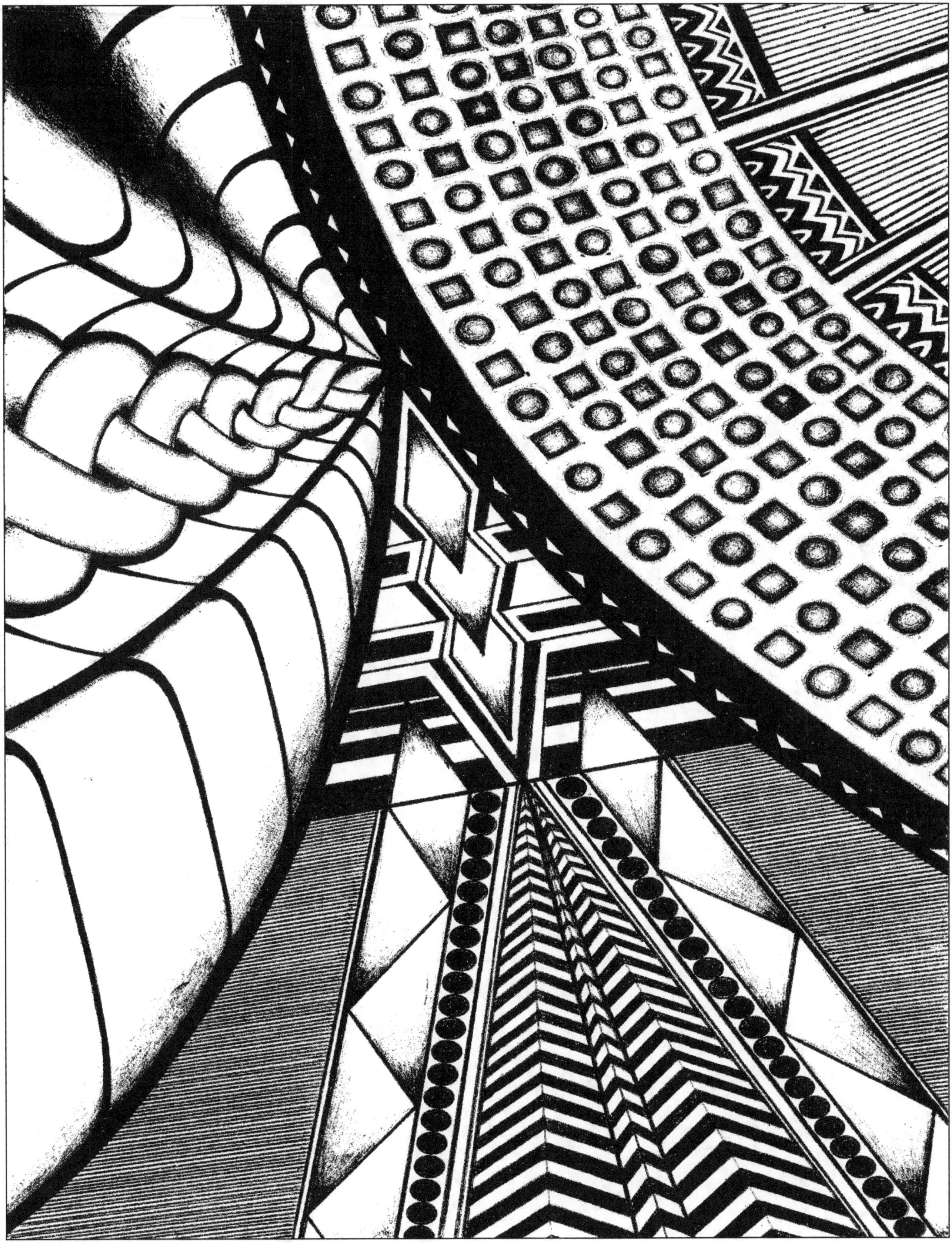

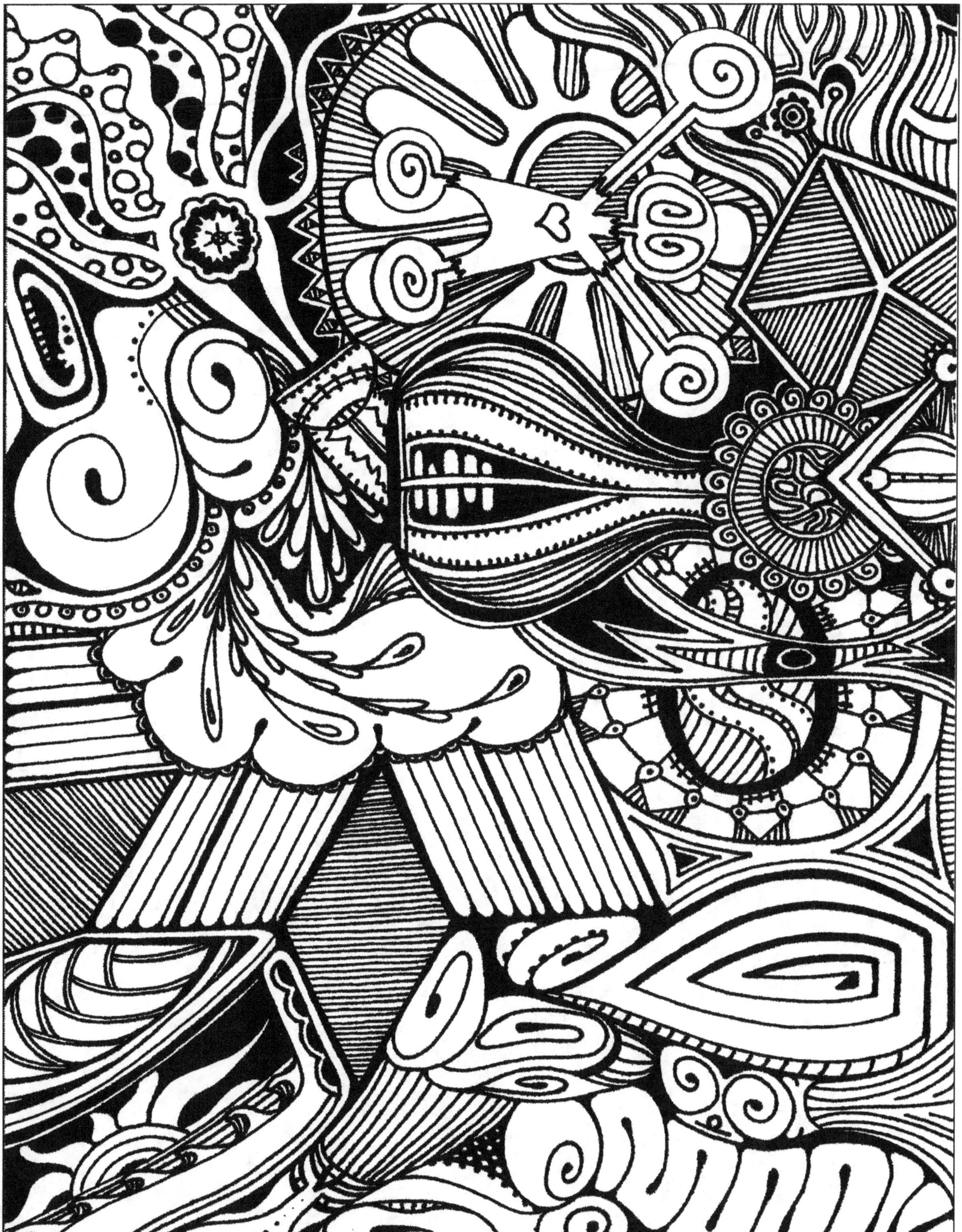

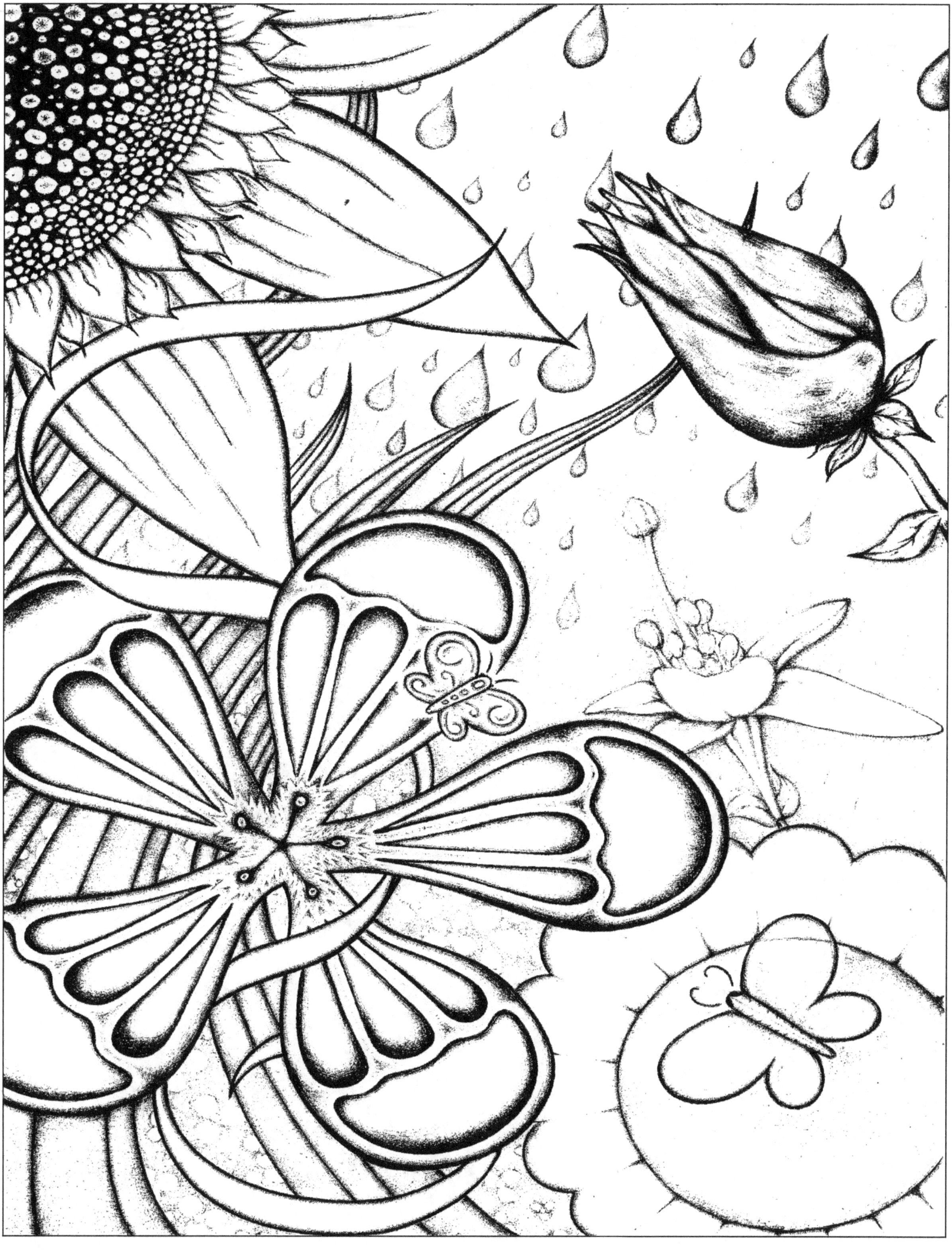

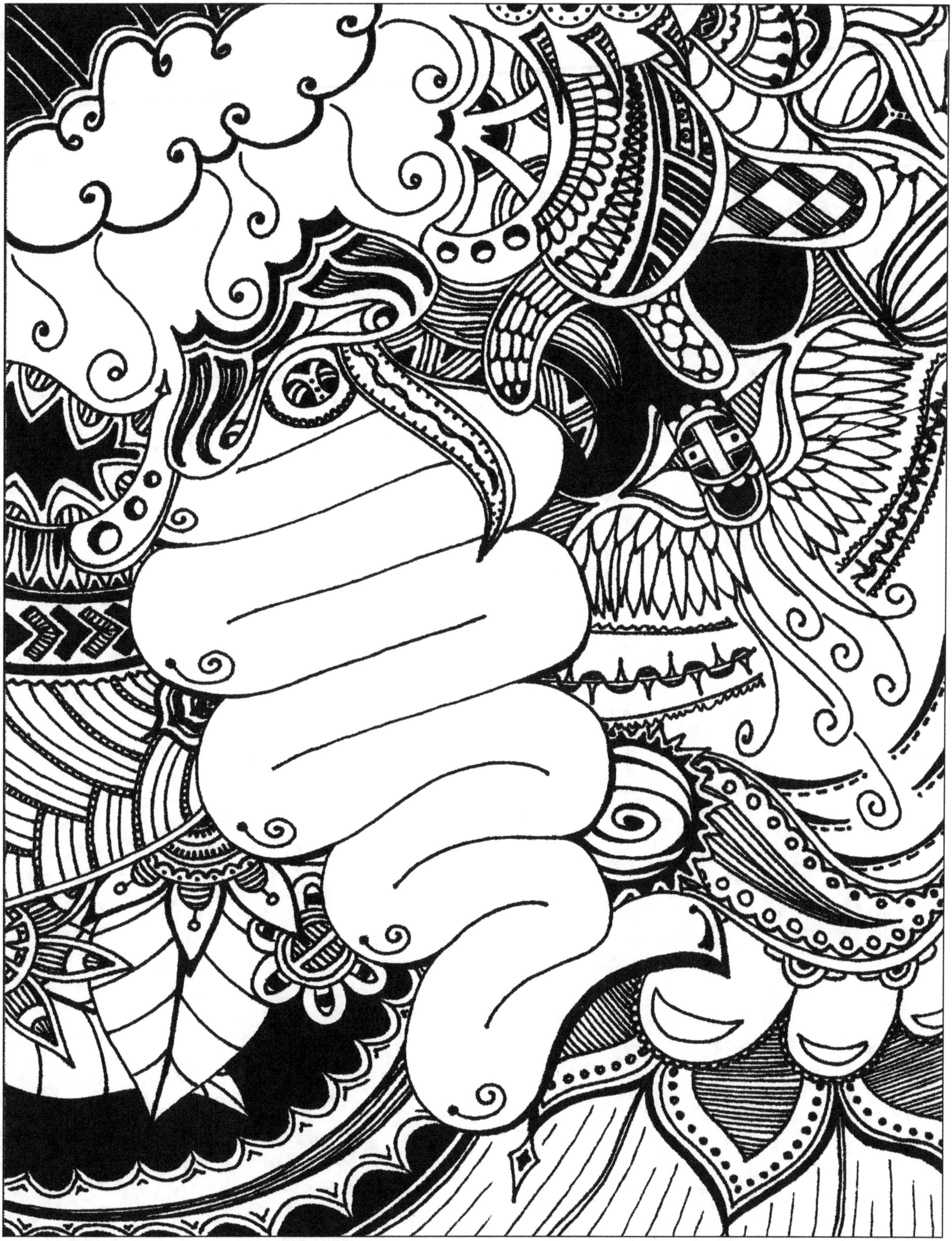

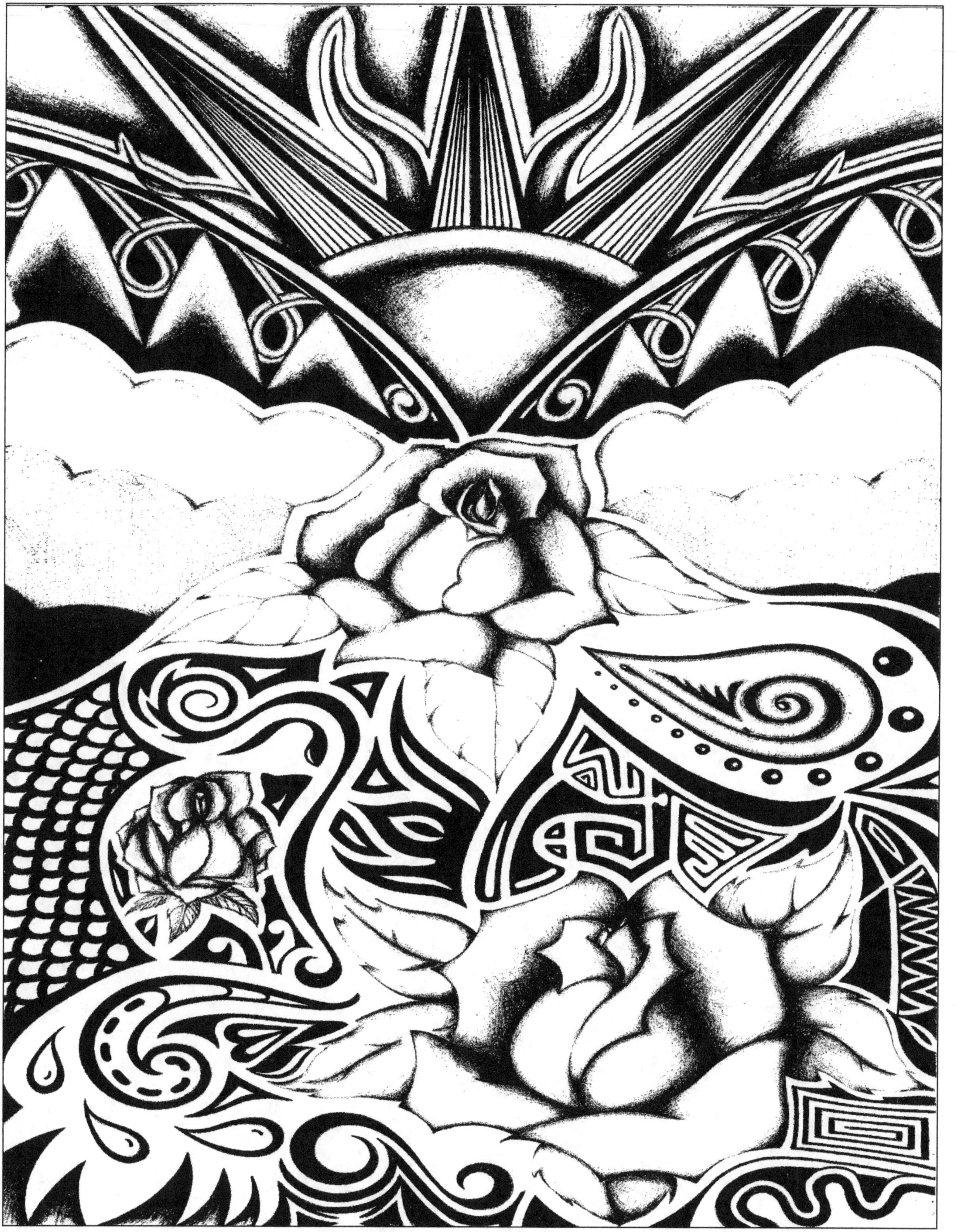

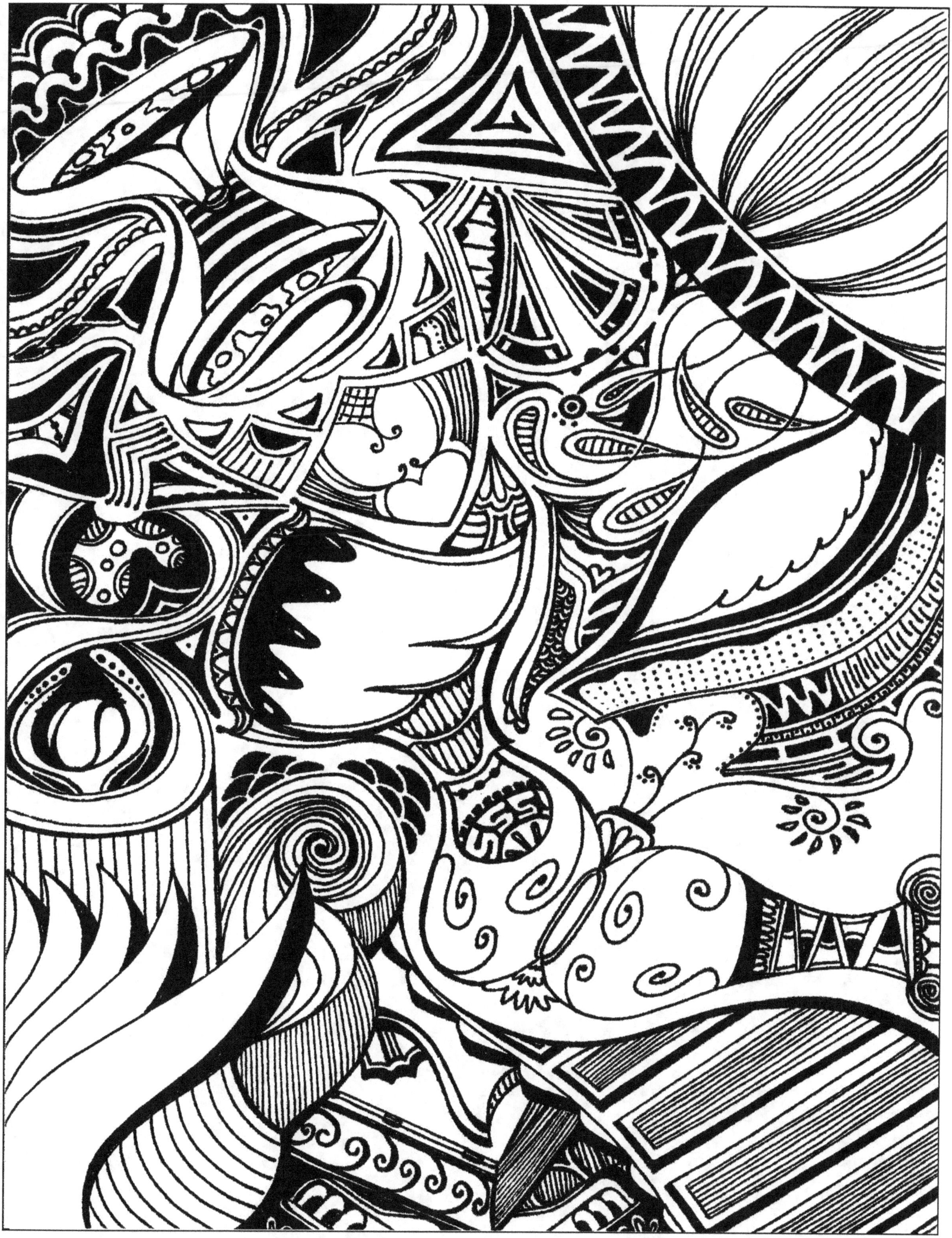

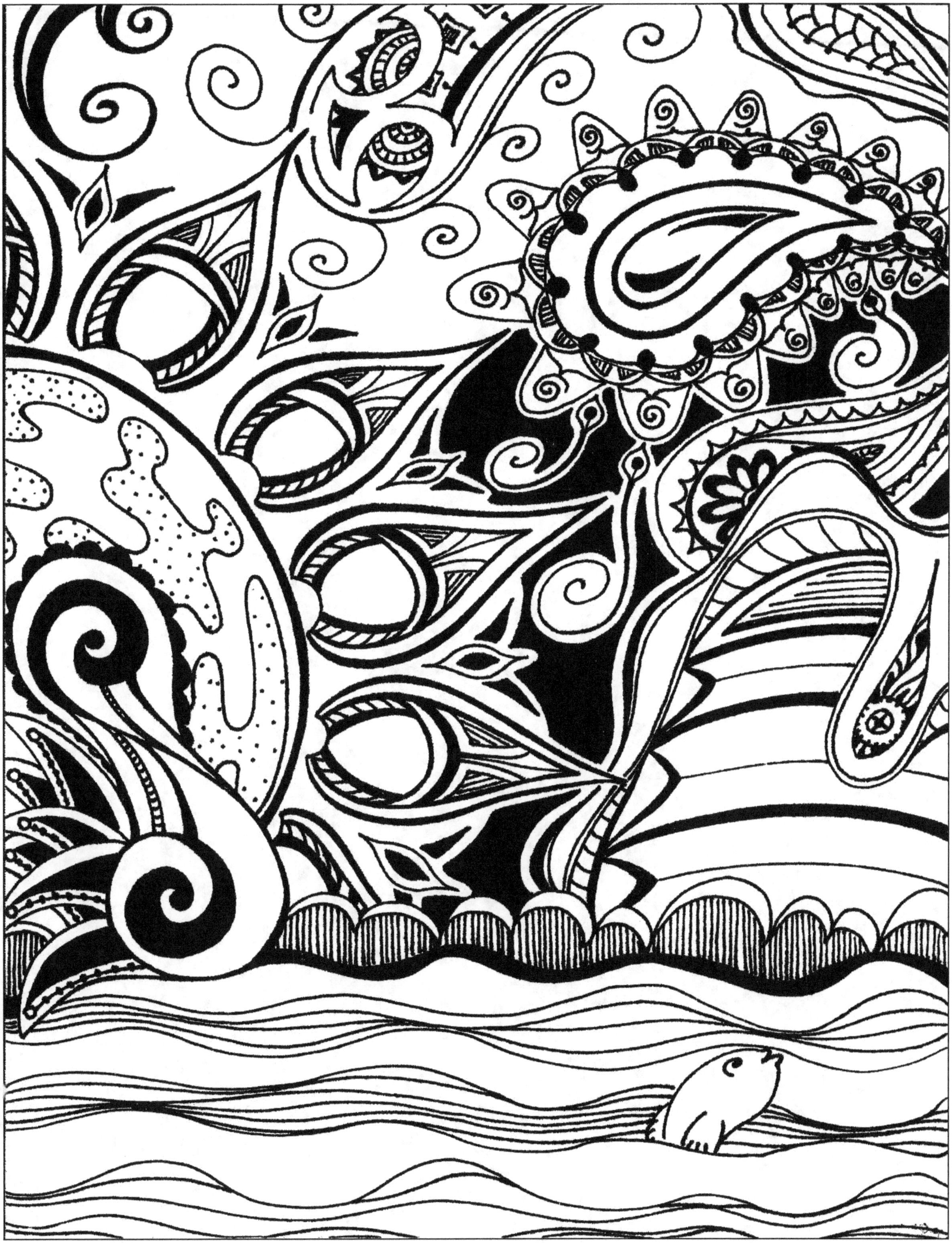

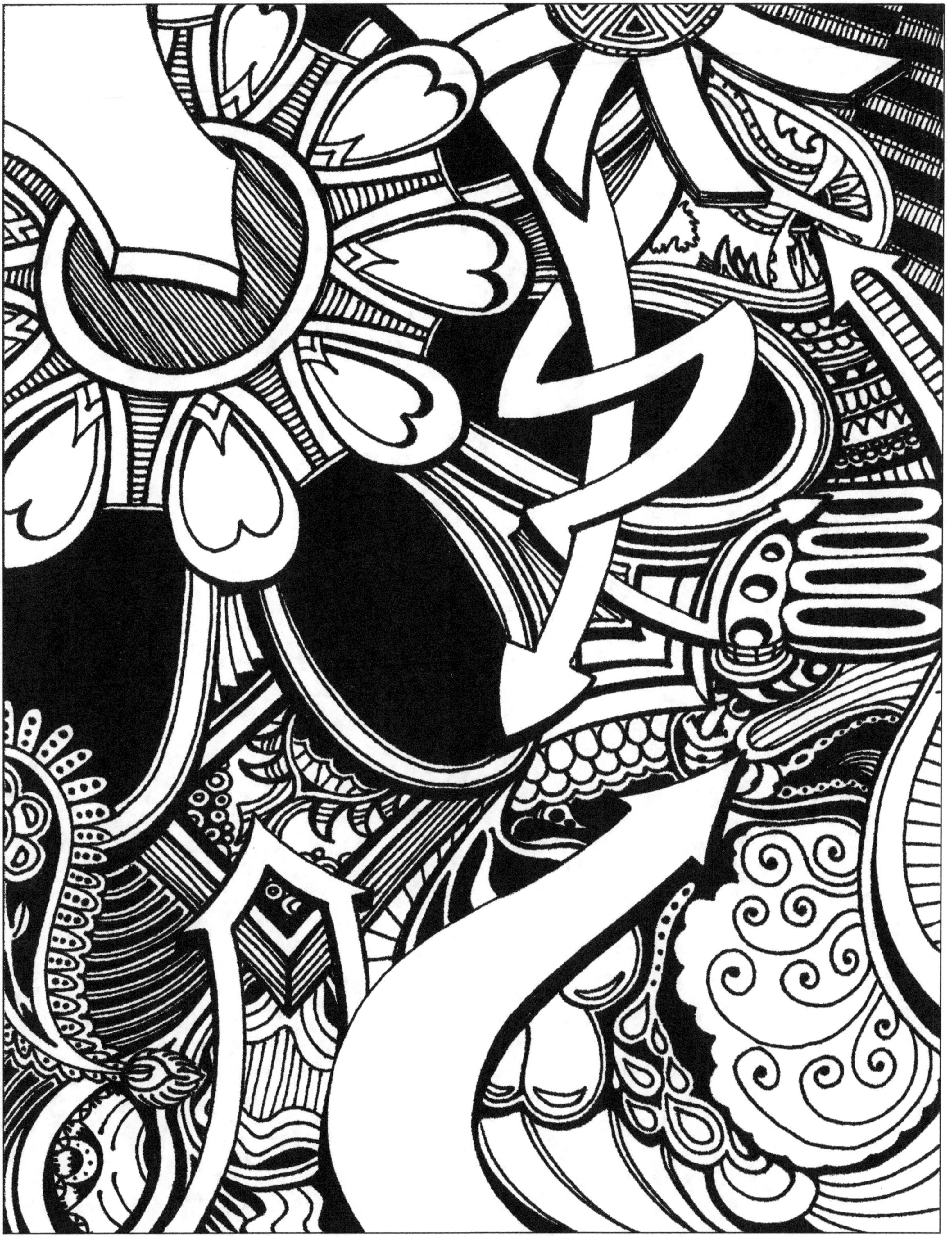

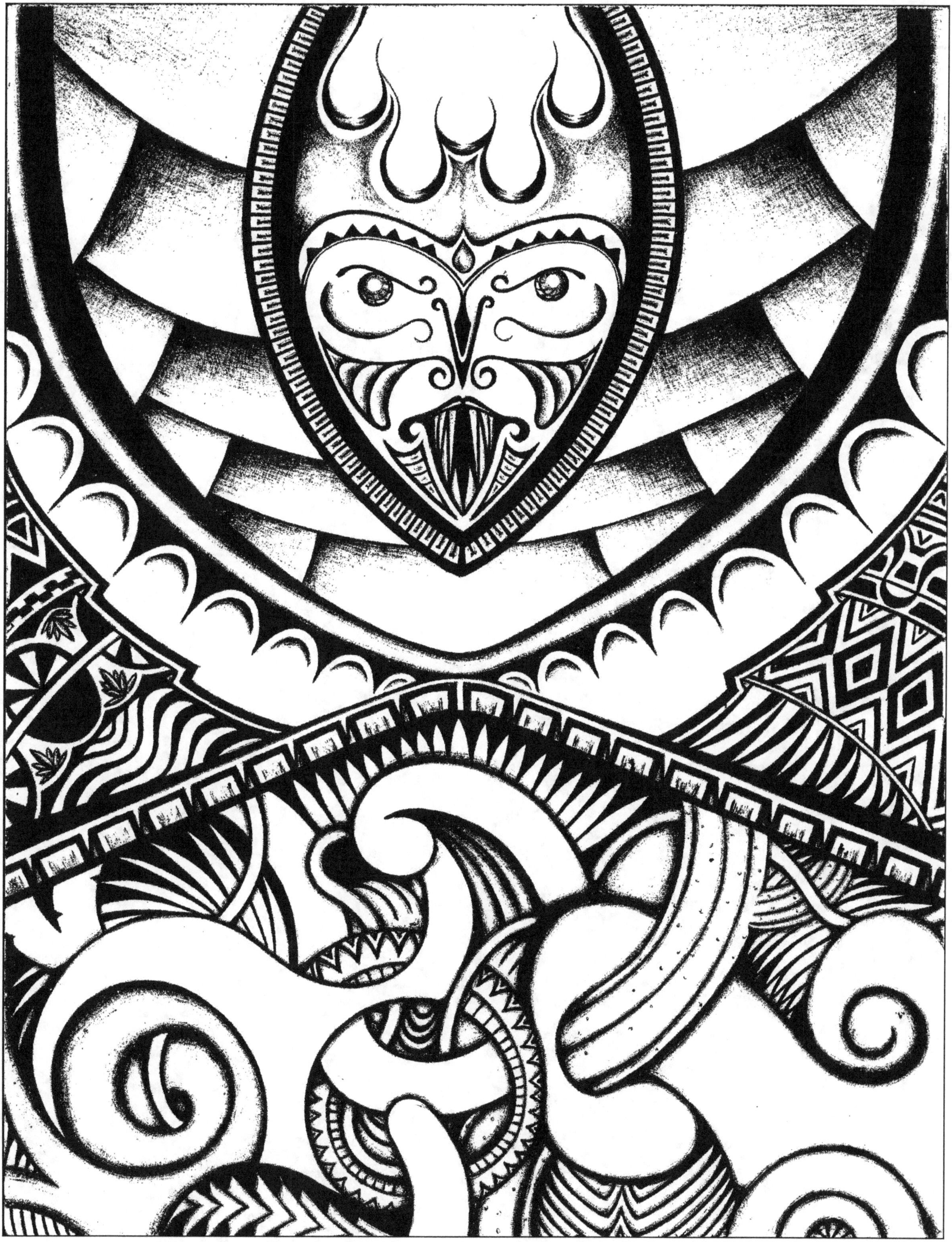

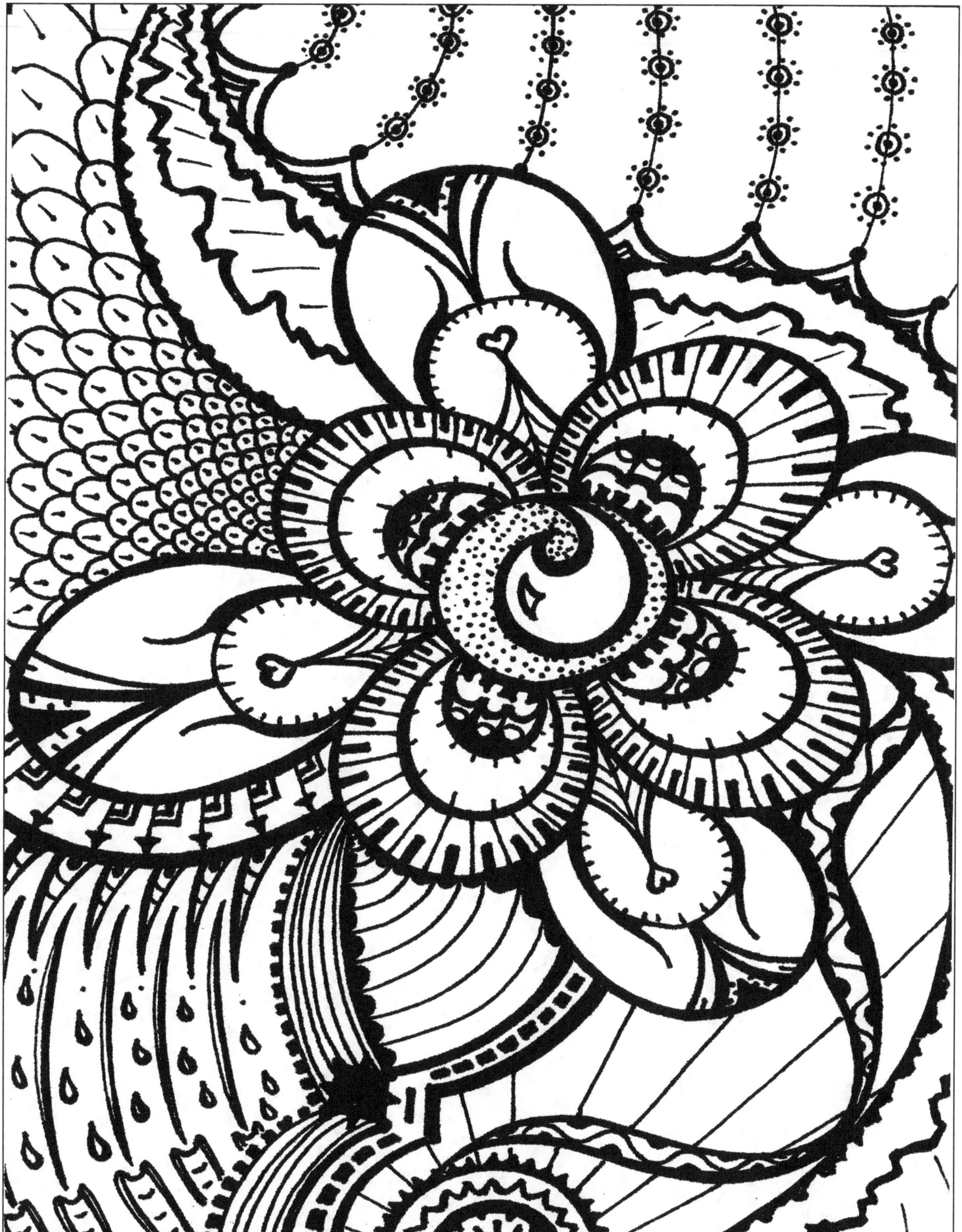

www.ingramcontent.com/pod-product-compliance
Lightning Source LLC
Chambersburg PA
CBHW081147170526
45158CB00009BA/2735
* 9 7 8 0 6 9 2 4 8 4 8 3 8 *